BASIC MATH DRILLS

2nd Grade
Multiplication
{TIMED TEST}

SPI MATH
WORKBOOKS

ISBN-13:
978-1719239233

ISBN-10:
1719239231

Name________________________________ Date __________ Score __________

7 × 7	8 × 5	8 × 3	5 × 6	1 × 5	3 × 6	7 × 8	5 × 4	1 × 9
5 × 8	7 × 9	5 × 9	8 × 1	3 × 8	4 × 5	6 × 7	5 × 2	2 × 9
6 × 3	6 × 8	2 × 1	2 × 5	8 × 7	9 × 4	9 × 2	4 × 8	1 × 7
8 × 2	9 × 8	7 × 5	9 × 7	3 × 3	1 × 8	5 × 1	2 × 8	8 × 4
4 × 9	3 × 2	5 × 3	4 × 4	7 × 4	4 × 1	2 × 4	2 × 6	6 × 1
8 × 6	4 × 6	9 × 9	3 × 9	1 × 6	2 × 3	6 × 5	8 × 8	6 × 9
6 × 2	3 × 1	9 × 3	7 × 3	7 × 6	3 × 5	4 × 7	8 × 9	5 × 5
7 × 2	2 × 2	9 × 5	3 × 7	2 × 7	1 × 1	1 × 2	6 × 6	3 × 4
9 × 1	4 × 3	1 × 4	5 × 7	6 × 4	9 × 6	7 × 1	4 × 2	1 × 3

Name______________________________ Date __________ Score __________

1 × 7	3 × 8	6 × 8	1 × 5	2 × 9	3 × 9	7 × 7	6 × 1	7 × 3
7 × 1	5 × 2	9 × 9	3 × 5	2 × 5	2 × 6	7 × 4	9 × 7	1 × 6
5 × 1	3 × 1	1 × 8	6 × 7	2 × 7	8 × 7	1 × 2	4 × 7	4 × 2
3 × 2	2 × 4	7 × 2	8 × 6	3 × 4	9 × 4	1 × 4	3 × 7	2 × 8
6 × 9	7 × 5	4 × 4	6 × 4	5 × 5	7 × 9	9 × 3	5 × 4	7 × 8
1 × 3	1 × 9	6 × 3	4 × 8	8 × 4	7 × 6	9 × 6	8 × 5	4 × 5
6 × 5	4 × 3	9 × 2	6 × 2	2 × 2	8 × 1	3 × 3	5 × 9	9 × 5
6 × 6	2 × 1	2 × 3	5 × 6	8 × 8	5 × 3	4 × 1	8 × 2	8 × 3
9 × 1	5 × 7	9 × 8	1 × 1	8 × 9	3 × 6	4 × 6	5 × 8	4 × 9

Name______________________________ Date ________ Score ________

1	4	1	5	1	6	3	2	8
× 1	× 2	× 6	× 5	× 8	× 5	× 8	× 5	× 2
8	9	2	7	8	2	9	4	9
× 3	× 5	× 9	× 8	× 4	× 4	× 3	× 6	× 6
8	5	8	7	6	3	3	1	4
× 1	× 6	× 6	× 2	× 6	× 2	× 7	× 5	× 1
3	5	4	6	1	6	7	4	4
× 4	× 2	× 9	× 4	× 2	× 3	× 9	× 8	× 4
7	4	8	8	9	4	9	2	3
× 3	× 7	× 8	× 5	× 1	× 3	× 2	× 6	× 5
1	6	6	2	3	2	6	7	5
× 7	× 2	× 8	× 1	× 1	× 7	× 9	× 7	× 4
1	1	7	2	5	3	7	7	5
× 9	× 3	× 6	× 8	× 7	× 3	× 5	× 4	× 9
6	5	9	4	6	3	8	1	9
× 7	× 1	× 9	× 5	× 1	× 9	× 7	× 4	× 8
9	2	9	7	8	2	3	5	5
× 7	× 2	× 4	× 1	× 9	× 3	× 6	× 3	× 8

Name________________________________ Date __________ Score __________

4 × 5	1 × 1	8 × 9	2 × 5	2 × 1	8 × 5	3 × 6	2 × 8	8 × 2
6 × 9	9 × 4	2 × 6	5 × 1	7 × 7	7 × 2	2 × 7	5 × 9	5 × 7
7 × 9	5 × 8	5 × 3	9 × 5	3 × 2	2 × 2	6 × 8	5 × 5	2 × 4
5 × 2	2 × 3	8 × 8	9 × 6	9 × 8	6 × 6	7 × 1	7 × 4	8 × 3
8 × 6	1 × 3	8 × 4	3 × 3	4 × 6	4 × 4	1 × 8	9 × 2	1 × 7
4 × 1	4 × 3	1 × 4	9 × 9	6 × 4	9 × 1	6 × 1	7 × 3	4 × 8
9 × 3	6 × 3	6 × 7	7 × 5	3 × 9	1 × 5	6 × 2	3 × 8	4 × 2
5 × 4	8 × 7	1 × 6	3 × 4	4 × 7	3 × 7	7 × 6	5 × 6	2 × 9
3 × 5	6 × 5	1 × 9	3 × 1	4 × 9	1 × 2	9 × 7	8 × 1	7 × 8

5 × 2	2 × 8	5 × 7	9 × 3	5 × 8	1 × 9	7 × 1	1 × 7	7 × 2
6 × 8	3 × 2	9 × 8	2 × 1	1 × 6	2 × 9	5 × 6	5 × 4	6 × 4
4 × 8	9 × 6	3 × 8	7 × 3	8 × 6	9 × 5	3 × 7	8 × 2	8 × 7
4 × 3	5 × 5	2 × 7	1 × 1	1 × 2	3 × 4	4 × 7	9 × 7	2 × 6
6 × 2	6 × 1	2 × 4	4 × 6	3 × 3	8 × 4	4 × 1	5 × 3	5 × 9
3 × 9	5 × 1	2 × 2	8 × 3	7 × 4	8 × 1	8 × 8	9 × 2	6 × 9
8 × 5	6 × 5	9 × 1	8 × 9	2 × 3	1 × 8	7 × 6	7 × 9	4 × 4
7 × 5	3 × 5	4 × 2	6 × 6	6 × 3	7 × 8	1 × 3	4 × 9	7 × 7
9 × 9	6 × 7	3 × 6	1 × 4	9 × 4	3 × 1	1 × 5	4 × 5	2 × 5

4 × 8	1 × 3	7 × 8	2 × 1	3 × 9	8 × 4	2 × 3	2 × 7	5 × 1
3 × 1	7 × 7	4 × 1	9 × 4	4 × 5	3 × 8	6 × 4	1 × 2	7 × 1
5 × 7	7 × 5	2 × 6	8 × 3	2 × 5	3 × 5	9 × 7	6 × 1	5 × 4
5 × 6	6 × 8	1 × 8	2 × 8	9 × 9	6 × 5	9 × 6	1 × 6	8 × 7
4 × 7	3 × 4	6 × 7	3 × 2	8 × 9	6 × 2	7 × 3	7 × 6	8 × 8
9 × 1	4 × 2	8 × 2	5 × 2	2 × 9	7 × 2	9 × 8	5 × 8	8 × 6
1 × 9	1 × 5	7 × 4	1 × 1	9 × 5	4 × 3	1 × 4	1 × 7	2 × 2
6 × 9	3 × 6	2 × 4	5 × 5	5 × 9	8 × 1	8 × 5	5 × 3	3 × 7
4 × 9	4 × 6	6 × 6	6 × 3	3 × 3	4 × 4	9 × 3	7 × 9	9 × 2

Name________________________________ Date ________ Score ________

3×3	8×4	8×5	3×7	2×8	7×6	5×8	7×8	8×3
5×7	4×3	2×5	6×4	1×1	6×2	2×9	2×1	2×7
6×5	9×9	9×2	2×4	7×4	7×2	6×6	5×1	3×9
1×3	1×9	1×5	1×8	5×4	4×5	3×6	3×2	3×1
5×9	9×5	8×9	1×6	5×5	2×3	6×1	7×9	4×7
4×8	7×7	1×2	7×3	5×2	2×2	7×1	9×1	8×8
7×5	9×6	1×7	9×7	5×6	6×9	9×8	8×1	3×4
9×4	8×7	6×7	3×8	6×3	3×5	1×4	4×9	8×6
5×3	4×1	4×2	8×2	2×6	6×8	4×6	4×4	9×3

Name______________________________ Date __________ Score __________

5 × 9	2 × 3	1 × 4	4 × 9	9 × 1	1 × 6	4 × 4	2 × 6	4 × 2
2 × 2	5 × 1	8 × 5	3 × 6	4 × 6	3 × 5	8 × 6	5 × 3	8 × 2
3 × 8	4 × 5	7 × 3	1 × 1	4 × 7	9 × 6	2 × 4	9 × 7	8 × 9
5 × 7	6 × 4	4 × 8	1 × 5	7 × 7	6 × 5	3 × 7	5 × 8	3 × 1
9 × 9	1 × 2	3 × 3	8 × 3	2 × 9	7 × 5	3 × 9	5 × 5	6 × 7
9 × 4	7 × 6	3 × 2	6 × 2	1 × 9	2 × 8	8 × 1	7 × 8	5 × 4
7 × 1	2 × 1	7 × 2	5 × 2	7 × 9	2 × 7	9 × 2	8 × 7	9 × 5
8 × 8	1 × 3	6 × 3	1 × 8	1 × 7	7 × 4	8 × 4	6 × 1	4 × 3
3 × 4	9 × 3	6 × 6	6 × 8	6 × 9	4 × 1	2 × 5	9 × 8	5 × 6

4 × 5	7 × 4	6 × 2	1 × 5	5 × 1	7 × 3	3 × 2	6 × 3	7 × 7
5 × 7	2 × 8	7 × 5	3 × 3	3 × 8	2 × 6	2 × 7	4 × 9	6 × 7
5 × 4	4 × 2	6 × 6	8 × 6	4 × 8	1 × 2	8 × 3	7 × 6	6 × 8
1 × 9	1 × 8	8 × 2	8 × 4	8 × 7	3 × 5	2 × 2	1 × 7	1 × 6
2 × 5	4 × 6	6 × 9	9 × 7	3 × 1	2 × 4	9 × 6	6 × 5	6 × 4
7 × 9	6 × 1	3 × 9	9 × 8	2 × 3	9 × 4	9 × 2	5 × 2	9 × 5
1 × 3	2 × 1	5 × 6	3 × 7	4 × 7	7 × 2	9 × 1	7 × 8	4 × 4
8 × 1	8 × 5	3 × 6	1 × 1	8 × 9	3 × 4	5 × 3	5 × 8	5 × 5
4 × 1	9 × 3	2 × 9	9 × 9	4 × 3	7 × 1	5 × 9	1 × 4	8 × 8

Name______________________________ Date __________ Score __________

9 × 6	4 × 2	2 × 6	6 × 7	1 × 3	9 × 8	3 × 8	8 × 6	6 × 9
6 × 1	4 × 9	8 × 5	2 × 9	4 × 8	6 × 3	7 × 7	5 × 5	3 × 6
2 × 7	6 × 5	1 × 6	1 × 1	9 × 4	8 × 4	3 × 7	6 × 2	3 × 9
4 × 4	9 × 3	5 × 1	2 × 3	8 × 3	2 × 4	7 × 5	2 × 1	3 × 4
1 × 9	7 × 3	6 × 6	4 × 5	3 × 2	7 × 4	8 × 7	9 × 2	3 × 3
5 × 4	1 × 7	9 × 7	3 × 1	9 × 9	5 × 8	4 × 6	2 × 8	8 × 2
8 × 8	7 × 2	7 × 9	2 × 2	7 × 1	5 × 6	1 × 2	9 × 5	5 × 7
8 × 1	6 × 8	4 × 3	7 × 8	7 × 6	5 × 3	1 × 4	3 × 5	2 × 5
9 × 1	5 × 2	5 × 9	8 × 9	1 × 5	4 × 1	6 × 4	1 × 8	4 × 7

Name_____ Date _____ Score _____

3 × 4	4 × 3	4 × 5	2 × 2	1 × 7	2 × 8	6 × 5	2 × 5	5 × 2
6 × 6	8 × 8	8 × 5	2 × 1	6 × 8	6 × 1	2 × 7	2 × 4	1 × 8
6 × 2	5 × 7	4 × 8	3 × 6	7 × 7	7 × 2	6 × 4	5 × 1	6 × 7
6 × 3	6 × 9	5 × 8	1 × 4	8 × 1	9 × 9	9 × 8	8 × 3	8 × 4
3 × 3	5 × 4	3 × 7	3 × 9	7 × 6	7 × 8	2 × 6	7 × 5	1 × 2
9 × 1	7 × 9	1 × 3	5 × 6	9 × 5	1 × 6	8 × 6	9 × 4	4 × 6
8 × 2	7 × 1	5 × 3	9 × 3	9 × 2	8 × 7	4 × 1	1 × 9	4 × 2
1 × 5	2 × 9	3 × 1	3 × 8	2 × 3	7 × 4	4 × 4	4 × 9	3 × 2
3 × 5	9 × 6	4 × 7	5 × 5	1 × 1	8 × 9	9 × 7	5 × 9	7 × 3

7 × 6	6 × 2	3 × 6	8 × 4	9 × 2	5 × 5	4 × 6	2 × 7	4 × 5
2 × 4	7 × 5	7 × 7	8 × 9	8 × 7	6 × 8	6 × 3	7 × 4	8 × 2
3 × 8	6 × 6	2 × 9	1 × 7	3 × 9	8 × 6	5 × 8	7 × 8	1 × 6
5 × 2	7 × 9	5 × 4	5 × 1	7 × 2	9 × 7	4 × 9	8 × 1	3 × 1
4 × 1	8 × 3	3 × 5	8 × 8	1 × 5	5 × 3	4 × 2	3 × 4	2 × 5
1 × 9	9 × 3	2 × 8	2 × 1	1 × 4	1 × 3	1 × 1	3 × 7	3 × 2
2 × 2	7 × 1	6 × 9	3 × 3	4 × 4	9 × 8	9 × 4	2 × 3	1 × 8
6 × 5	4 × 3	6 × 4	6 × 7	7 × 3	9 × 1	5 × 7	9 × 9	9 × 6
5 × 6	4 × 8	8 × 5	2 × 6	1 × 2	9 × 5	5 × 9	4 × 7	6 × 1

Name______________________________ Date ________ Score ________

5 × 3	5 × 2	6 × 2	3 × 7	4 × 5	2 × 1	3 × 4	2 × 6	1 × 1
6 × 3	9 × 6	4 × 1	1 × 9	6 × 6	6 × 5	7 × 9	7 × 6	3 × 6
9 × 9	4 × 9	1 × 3	8 × 4	4 × 8	9 × 7	5 × 8	6 × 7	9 × 2
8 × 3	4 × 7	5 × 6	4 × 2	3 × 3	8 × 8	1 × 7	7 × 7	2 × 7
6 × 1	1 × 5	8 × 6	7 × 8	3 × 8	4 × 6	1 × 2	4 × 3	1 × 4
7 × 3	6 × 4	4 × 4	5 × 1	2 × 5	9 × 4	7 × 4	6 × 9	5 × 5
9 × 1	7 × 2	2 × 4	7 × 5	5 × 4	9 × 8	5 × 7	3 × 5	8 × 1
8 × 2	1 × 8	1 × 6	2 × 3	5 × 9	3 × 1	8 × 7	9 × 5	8 × 5
3 × 2	6 × 8	2 × 2	9 × 3	8 × 9	2 × 8	3 × 9	2 × 9	7 × 1

2 × 6	4 × 6	1 × 4	5 × 9	1 × 5	3 × 9	8 × 5	5 × 1	6 × 1
1 × 6	7 × 2	1 × 7	2 × 4	8 × 9	6 × 8	3 × 2	5 × 8	5 × 6
3 × 7	3 × 6	5 × 4	3 × 1	7 × 7	8 × 6	5 × 5	3 × 4	7 × 6
2 × 1	7 × 8	8 × 4	4 × 4	9 × 4	9 × 3	9 × 6	2 × 7	1 × 3
4 × 3	1 × 1	6 × 4	2 × 8	1 × 8	4 × 2	3 × 5	9 × 7	5 × 3
5 × 7	8 × 1	2 × 2	4 × 9	3 × 3	4 × 7	4 × 5	2 × 9	6 × 3
6 × 6	3 × 8	5 × 2	6 × 2	7 × 5	8 × 8	1 × 2	9 × 8	8 × 7
4 × 8	7 × 3	8 × 3	9 × 9	8 × 2	2 × 3	6 × 7	7 × 1	4 × 1
9 × 5	6 × 9	2 × 5	1 × 9	9 × 1	6 × 5	7 × 4	7 × 9	9 × 2

2	6	9	2	4	6	3	1	8
× 2	× 1	× 8	× 5	× 3	× 8	× 2	× 4	× 9

7	3	9	2	3	2	7	8	3
× 7	× 6	× 2	× 4	× 4	× 3	× 6	× 3	× 3

2	4	3	4	9	5	7	2	8
× 9	× 5	× 5	× 2	× 1	× 4	× 5	× 6	× 1

3	6	2	8	1	1	5	9	5
× 7	× 4	× 8	× 6	× 3	× 1	× 5	× 9	× 9

8	6	7	9	4	8	9	4	7
× 7	× 6	× 8	× 6	× 4	× 8	× 3	× 1	× 9

5	7	1	6	4	2	6	1	9
× 3	× 1	× 6	× 5	× 7	× 7	× 7	× 7	× 7

1	7	9	8	7	4	8	4	6
× 8	× 2	× 5	× 4	× 4	× 9	× 5	× 6	× 9

1	3	5	1	5	7	4	6	6
× 2	× 9	× 8	× 5	× 1	× 3	× 8	× 3	× 2

1	3	3	5	2	5	5	9	8
× 9	× 8	× 1	× 2	× 1	× 6	× 7	× 4	× 2

Name________________________ Date __________ Score __________

3	3	6	6	6	1	8	7	3
× 6	× 8	× 3	× 6	× 4	× 2	× 8	× 2	× 5
1	2	3	9	7	9	3	5	9
× 7	× 3	× 1	× 9	× 5	× 5	× 4	× 8	× 4
2	9	9	6	8	9	5	4	1
× 5	× 1	× 8	× 9	× 5	× 2	× 4	× 6	× 6
5	2	4	6	4	7	2	4	7
× 9	× 9	× 5	× 7	× 2	× 4	× 2	× 9	× 7
9	5	8	5	1	6	7	1	2
× 3	× 2	× 2	× 3	× 1	× 5	× 1	× 9	× 4
2	8	2	5	5	5	7	4	1
× 8	× 4	× 7	× 5	× 6	× 7	× 3	× 4	× 8
3	4	2	8	3	6	7	7	6
× 3	× 1	× 1	× 3	× 7	× 8	× 6	× 9	× 2
9	5	1	4	4	8	9	1	3
× 6	× 1	× 5	× 8	× 3	× 6	× 7	× 4	× 9
8	6	4	7	8	3	8	1	2
× 9	× 1	× 7	× 8	× 1	× 2	× 7	× 3	× 6

Name______________________________ Date __________ Score __________

4 × 2	3 × 7	1 × 5	3 × 4	7 × 8	8 × 9	8 × 3	2 × 8	1 × 7
7 × 7	5 × 5	7 × 9	9 × 3	7 × 1	2 × 6	4 × 4	8 × 2	7 × 4
4 × 3	2 × 4	3 × 3	5 × 8	5 × 6	4 × 5	2 × 2	6 × 8	6 × 5
5 × 3	4 × 7	3 × 2	2 × 9	6 × 1	1 × 9	8 × 8	6 × 3	6 × 4
2 × 3	3 × 8	5 × 2	1 × 6	1 × 8	1 × 3	3 × 1	1 × 1	7 × 5
9 × 8	8 × 7	6 × 9	7 × 2	5 × 7	9 × 7	2 × 5	6 × 2	4 × 1
6 × 6	9 × 4	9 × 6	2 × 7	9 × 1	9 × 2	1 × 4	4 × 9	7 × 6
3 × 6	3 × 9	5 × 4	8 × 1	8 × 6	1 × 2	3 × 5	8 × 5	5 × 1
8 × 4	6 × 7	2 × 1	7 × 3	5 × 9	4 × 6	9 × 9	9 × 5	4 × 8

6 × 9	3 × 4	3 × 7	1 × 7	9 × 8	8 × 6	8 × 5	9 × 3	4 × 2
2 × 2	4 × 5	7 × 5	4 × 3	1 × 3	6 × 3	1 × 8	2 × 9	1 × 9
5 × 8	3 × 6	6 × 1	5 × 9	6 × 7	5 × 5	9 × 7	4 × 6	9 × 4
9 × 9	1 × 5	4 × 8	7 × 8	7 × 4	2 × 6	7 × 7	5 × 6	8 × 4
3 × 5	2 × 4	2 × 5	6 × 6	1 × 6	4 × 1	4 × 9	5 × 4	2 × 7
3 × 2	7 × 3	4 × 7	3 × 9	5 × 1	6 × 5	6 × 2	1 × 1	6 × 8
8 × 3	2 × 3	8 × 7	7 × 6	1 × 2	7 × 2	5 × 7	9 × 1	9 × 6
2 × 8	9 × 2	3 × 8	5 × 2	9 × 5	8 × 2	7 × 1	6 × 4	5 × 3
3 × 1	8 × 1	8 × 8	4 × 4	7 × 9	1 × 4	8 × 9	3 × 3	2 × 1

Name ______________________ Date ________ Score ________

1 × 9	7 × 8	1 × 1	1 × 3	3 × 1	6 × 7	4 × 9	8 × 7	6 × 3
4 × 7	4 × 1	3 × 3	6 × 4	7 × 9	3 × 2	2 × 2	2 × 7	1 × 2
6 × 2	9 × 9	7 × 4	7 × 7	5 × 6	3 × 7	2 × 1	8 × 8	3 × 8
9 × 2	8 × 4	5 × 3	2 × 5	9 × 1	5 × 8	7 × 6	4 × 8	5 × 7
5 × 5	4 × 6	8 × 1	7 × 5	5 × 1	4 × 4	9 × 7	7 × 2	7 × 3
3 × 9	4 × 5	2 × 4	2 × 8	1 × 4	6 × 8	3 × 4	9 × 3	8 × 3
1 × 5	2 × 9	2 × 6	6 × 1	8 × 9	1 × 8	4 × 2	9 × 5	8 × 5
7 × 1	3 × 5	5 × 9	9 × 4	5 × 4	5 × 2	9 × 6	8 × 6	9 × 8
1 × 6	3 × 6	6 × 6	6 × 5	2 × 3	8 × 2	6 × 9	4 × 3	1 × 7

Name_____ Date _____ Score _____

6 × 2	2 × 7	6 × 5	4 × 6	3 × 4	3 × 9	5 × 2	2 × 3	4 × 1
1 × 2	1 × 9	6 × 9	9 × 8	8 × 4	4 × 8	1 × 5	5 × 3	4 × 5
7 × 8	4 × 7	4 × 4	9 × 3	3 × 8	8 × 2	2 × 9	9 × 4	9 × 9
1 × 3	4 × 3	5 × 8	6 × 6	6 × 4	2 × 6	2 × 8	3 × 6	3 × 1
8 × 9	4 × 9	4 × 2	6 × 3	2 × 5	6 × 1	7 × 2	9 × 1	3 × 2
3 × 3	7 × 6	2 × 2	8 × 7	3 × 7	1 × 8	7 × 4	8 × 3	7 × 5
8 × 6	6 × 7	3 × 5	1 × 7	5 × 7	5 × 6	8 × 8	9 × 5	7 × 9
6 × 8	5 × 5	7 × 1	9 × 6	8 × 1	1 × 4	2 × 1	5 × 4	7 × 7
9 × 7	5 × 1	9 × 2	7 × 3	1 × 1	2 × 4	8 × 5	5 × 9	1 × 6

20

9	6	9	8	1	8	1	3	2
× 8	× 5	× 2	× 8	× 8	× 5	× 2	× 6	× 7
4	7	3	7	2	9	5	6	4
× 8	× 8	× 5	× 4	× 5	× 5	× 3	× 9	× 3
8	8	4	6	8	4	7	7	1
× 6	× 4	× 7	× 7	× 9	× 5	× 3	× 7	× 9
3	7	2	4	5	6	9	4	4
× 7	× 6	× 2	× 1	× 9	× 2	× 9	× 9	× 4
2	7	3	7	1	5	6	2	5
× 8	× 9	× 3	× 2	× 3	× 6	× 3	× 9	× 2
8	6	8	6	6	3	9	1	9
× 3	× 1	× 7	× 8	× 6	× 8	× 1	× 4	× 3
9	9	3	5	5	8	1	2	3
× 7	× 6	× 2	× 8	× 5	× 2	× 1	× 1	× 1
2	3	7	5	2	1	8	6	3
× 4	× 9	× 5	× 1	× 3	× 7	× 1	× 4	× 4
1	2	4	9	7	5	1	4	5
× 5	× 6	× 6	× 4	× 1	× 4	× 6	× 2	× 7

Name______________________ Date ________ Score ________

9 × 3	3 × 2	2 × 1	4 × 8	2 × 7	2 × 8	7 × 5	1 × 3	3 × 9
7 × 6	7 × 3	2 × 2	8 × 5	3 × 1	7 × 7	6 × 2	3 × 6	4 × 3
3 × 4	9 × 9	1 × 6	3 × 3	1 × 5	7 × 9	4 × 7	5 × 6	6 × 7
2 × 3	8 × 1	6 × 6	3 × 7	4 × 2	5 × 9	8 × 4	9 × 8	8 × 2
6 × 3	9 × 4	4 × 6	3 × 5	1 × 7	5 × 1	1 × 1	6 × 9	9 × 6
8 × 7	1 × 4	4 × 4	5 × 2	6 × 8	9 × 5	4 × 5	1 × 9	9 × 7
6 × 1	9 × 2	8 × 9	2 × 6	6 × 5	4 × 1	2 × 9	7 × 8	1 × 2
5 × 7	2 × 5	4 × 9	2 × 4	7 × 2	8 × 6	5 × 3	5 × 8	7 × 4
8 × 8	5 × 5	3 × 8	8 × 3	7 × 1	9 × 1	5 × 4	1 × 8	6 × 4

3	3	1	5	9	9	4	5	8
× 5	× 9	× 3	× 1	× 4	× 2	× 9	× 6	× 6
7	8	3	3	3	6	5	2	1
× 5	× 9	× 7	× 4	× 2	× 6	× 4	× 1	× 2
9	6	9	1	4	1	8	6	3
× 3	× 9	× 6	× 8	× 8	× 4	× 5	× 8	× 8
9	7	4	4	7	9	7	9	4
× 9	× 2	× 7	× 4	× 3	× 8	× 6	× 1	× 5
6	7	2	7	1	6	5	2	8
× 2	× 8	× 5	× 7	× 6	× 5	× 9	× 6	× 4
9	5	2	2	4	8	5	6	5
× 7	× 7	× 3	× 2	× 6	× 1	× 2	× 4	× 3
6	8	7	1	1	8	7	2	1
× 7	× 2	× 4	× 1	× 9	× 8	× 1	× 7	× 5
7	8	6	3	4	2	4	5	6
× 9	× 3	× 1	× 3	× 2	× 8	× 3	× 5	× 3
8	5	2	3	9	1	2	3	4
× 7	× 8	× 9	× 6	× 5	× 7	× 4	× 1	× 1

Name______________________________ Date __________ Score __________

4×5	3×6	9×2	5×5	7×3	5×2	6×9	3×9	5×6
9×5	3×8	6×2	2×1	8×5	6×1	4×7	5×9	7×2
9×1	3×2	7×1	1×9	5×7	6×5	7×7	6×6	2×5
3×5	4×6	3×1	4×1	8×1	8×2	4×8	2×2	9×9
2×3	9×6	2×9	2×4	6×8	5×3	8×9	7×4	3×3
1×7	8×8	6×4	4×4	7×5	3×4	9×7	1×8	5×1
1×4	1×6	7×8	2×6	8×4	2×7	8×3	1×2	7×9
4×3	3×7	6×3	8×7	1×5	5×8	6×7	2×8	7×6
4×2	9×4	1×3	1×1	5×4	4×9	9×3	9×8	8×6

Name______________________________ Date ________ Score ________

3×6	1×9	1×3	6×6	1×5	4×9	5×8	6×7	1×7
7×1	3×3	5×5	4×4	5×7	9×3	7×6	8×7	4×6
2×6	8×9	5×6	4×5	4×7	2×9	4×2	3×7	6×9
1×1	1×6	8×2	7×4	2×3	8×6	6×2	7×2	8×5
4×3	6×3	9×7	8×4	3×1	3×5	2×8	5×3	3×2
9×8	8×3	9×5	5×2	9×9	2×2	2×7	2×1	7×5
8×8	1×2	5×9	9×2	1×4	6×8	3×8	7×3	6×5
5×4	3×4	6×1	9×4	7×9	1×8	8×1	6×4	2×5
7×8	9×6	4×8	4×1	5×1	7×7	3×9	9×1	2×4

4	3	8	4	5	8	1	9	1
× 9	× 7	× 1	× 8	× 6	× 5	× 7	× 8	× 9
4	7	6	3	8	5	1	5	7
× 2	× 4	× 7	× 9	× 9	× 7	× 6	× 9	× 6
6	9	2	2	2	3	5	7	5
× 5	× 4	× 2	× 4	× 3	× 4	× 2	× 2	× 3
1	4	8	5	9	9	8	1	2
× 2	× 5	× 8	× 4	× 9	× 5	× 2	× 3	× 5
5	9	3	5	2	4	7	1	7
× 5	× 3	× 8	× 8	× 7	× 3	× 9	× 8	× 3
6	2	6	1	6	2	7	9	6
× 1	× 6	× 9	× 4	× 2	× 8	× 7	× 7	× 8
4	8	8	4	6	8	4	4	3
× 1	× 4	× 7	× 6	× 3	× 3	× 4	× 7	× 3
5	1	6	1	3	3	8	3	2
× 1	× 1	× 6	× 5	× 6	× 5	× 6	× 1	× 9
7	7	3	2	9	7	9	6	9
× 5	× 8	× 2	× 1	× 6	× 1	× 1	× 4	× 2

9 × 7	8 × 4	2 × 8	1 × 9	6 × 4	3 × 2	1 × 1	1 × 2	4 × 6
8 × 3	9 × 3	8 × 7	7 × 7	8 × 5	5 × 5	2 × 6	5 × 9	4 × 3
7 × 4	9 × 8	7 × 3	9 × 4	9 × 9	2 × 1	4 × 1	1 × 5	6 × 6
6 × 9	5 × 7	1 × 7	8 × 2	5 × 1	2 × 2	3 × 4	4 × 2	9 × 5
2 × 9	1 × 3	3 × 5	6 × 8	7 × 2	6 × 5	2 × 3	5 × 8	5 × 3
5 × 2	3 × 1	3 × 3	6 × 3	8 × 1	4 × 8	7 × 8	6 × 2	9 × 1
6 × 7	4 × 9	7 × 9	3 × 6	7 × 5	1 × 4	8 × 8	5 × 6	4 × 5
7 × 6	8 × 9	2 × 5	2 × 4	1 × 8	3 × 9	3 × 8	1 × 6	9 × 6
4 × 4	9 × 2	7 × 1	5 × 4	2 × 7	4 × 7	8 × 6	6 × 1	3 × 7

Name________________________ Date __________ Score __________

5 × 5	7 × 4	1 × 2	2 × 6	9 × 9	6 × 8	2 × 7	4 × 3	8 × 2
8 × 4	8 × 3	2 × 2	3 × 3	9 × 4	1 × 1	3 × 4	9 × 5	4 × 5
1 × 7	8 × 1	4 × 7	7 × 1	5 × 2	1 × 4	6 × 1	3 × 6	7 × 5
6 × 2	5 × 9	8 × 6	8 × 5	1 × 5	1 × 3	3 × 5	4 × 8	9 × 2
3 × 9	7 × 7	9 × 1	8 × 9	9 × 7	2 × 8	6 × 7	5 × 8	4 × 1
2 × 1	7 × 3	4 × 9	3 × 1	4 × 6	4 × 2	1 × 8	5 × 1	6 × 9
1 × 6	8 × 8	4 × 4	5 × 3	3 × 8	9 × 8	3 × 2	2 × 9	3 × 7
7 × 6	7 × 8	2 × 3	6 × 5	7 × 2	2 × 4	5 × 6	2 × 5	5 × 7
8 × 7	6 × 4	9 × 3	9 × 6	6 × 3	5 × 4	7 × 9	6 × 6	1 × 9

2	2	8	7	2	8	6	4	5
× 5	× 9	× 7	× 4	× 7	× 8	× 6	× 5	× 1
4	8	1	7	9	1	5	7	3
× 3	× 3	× 6	× 2	× 5	× 9	× 3	× 3	× 1
8	7	3	6	9	4	8	3	8
× 6	× 8	× 4	× 3	× 6	× 8	× 5	× 3	× 4
9	7	3	3	9	4	8	2	2
× 1	× 5	× 8	× 5	× 7	× 1	× 2	× 1	× 4
5	9	1	5	6	7	1	3	4
× 8	× 3	× 5	× 2	× 5	× 1	× 8	× 7	× 6
2	4	6	2	9	9	7	6	8
× 2	× 2	× 4	× 6	× 9	× 2	× 6	× 7	× 1
9	4	9	6	5	7	3	6	5
× 4	× 9	× 8	× 2	× 9	× 9	× 2	× 8	× 5
5	4	1	3	1	5	1	3	1
× 7	× 7	× 1	× 9	× 2	× 6	× 7	× 6	× 4
6	8	2	7	1	2	6	4	5
× 9	× 9	× 8	× 7	× 3	× 3	× 1	× 4	× 4

4 × 1	1 × 1	9 × 2	9 × 5	2 × 3	7 × 7	4 × 6	5 × 3	5 × 7
1 × 2	4 × 8	9 × 1	1 × 7	2 × 5	7 × 3	1 × 5	8 × 3	2 × 7
4 × 2	5 × 4	7 × 1	6 × 1	5 × 5	1 × 6	5 × 9	8 × 5	3 × 9
2 × 4	3 × 7	7 × 9	5 × 6	9 × 3	4 × 7	8 × 8	4 × 9	2 × 8
7 × 4	6 × 7	9 × 6	3 × 6	8 × 4	3 × 8	1 × 9	8 × 9	5 × 2
9 × 9	5 × 8	6 × 3	4 × 5	8 × 6	6 × 6	2 × 9	5 × 1	7 × 5
8 × 7	2 × 6	7 × 8	4 × 3	3 × 3	7 × 6	6 × 2	8 × 2	6 × 4
9 × 4	2 × 2	3 × 4	3 × 2	4 × 4	9 × 8	1 × 3	6 × 5	2 × 1
7 × 2	3 × 1	6 × 8	8 × 1	1 × 4	3 × 5	9 × 7	1 × 8	6 × 9

Name ________________________ Date ________ Score ________

6 × 4	9 × 8	4 × 8	4 × 2	2 × 1	2 × 8	8 × 9	7 × 3	2 × 6
8 × 2	5 × 7	8 × 4	1 × 2	4 × 1	1 × 9	7 × 6	4 × 3	2 × 2
3 × 6	3 × 1	9 × 9	7 × 2	1 × 7	7 × 7	9 × 6	5 × 1	3 × 3
3 × 9	5 × 5	6 × 3	8 × 6	4 × 9	4 × 7	6 × 2	7 × 8	6 × 6
2 × 9	8 × 5	4 × 5	1 × 8	8 × 3	3 × 7	2 × 7	3 × 5	9 × 4
8 × 8	6 × 1	7 × 4	5 × 8	1 × 5	2 × 3	4 × 6	3 × 2	6 × 9
7 × 1	3 × 8	3 × 4	5 × 6	1 × 6	2 × 5	8 × 1	1 × 3	1 × 4
6 × 5	7 × 5	4 × 4	5 × 9	5 × 4	5 × 2	6 × 7	6 × 8	8 × 7
7 × 9	5 × 3	9 × 2	9 × 3	9 × 5	2 × 4	9 × 7	9 × 1	1 × 1

Name______________________________ Date __________ Score __________

1	9	3	2	6	6	4	1	9
× 5	× 9	× 3	× 2	× 7	× 5	× 5	× 7	× 5
3	9	4	3	2	4	1	6	7
× 7	× 3	× 1	× 4	× 1	× 2	× 9	× 4	× 7
2	5	1	2	3	9	7	1	9
× 3	× 5	× 3	× 9	× 5	× 2	× 4	× 4	× 8
6	3	9	4	9	5	4	7	8
× 9	× 1	× 7	× 3	× 4	× 9	× 8	× 3	× 4
3	5	5	5	3	8	3	7	8
× 9	× 7	× 4	× 1	× 2	× 3	× 6	× 8	× 1
5	4	1	1	2	2	1	4	8
× 3	× 4	× 1	× 6	× 8	× 5	× 2	× 9	× 7
2	5	5	7	9	6	5	4	3
× 4	× 8	× 6	× 9	× 6	× 3	× 2	× 7	× 8
7	6	8	7	6	7	2	8	4
× 6	× 2	× 8	× 2	× 6	× 1	× 6	× 5	× 6
6	9	7	2	8	1	6	8	8
× 8	× 1	× 5	× 7	× 9	× 8	× 1	× 6	× 2

Name_____ Date _____ Score _____

7 × 6	8 × 2	1 × 4	6 × 6	4 × 3	3 × 6	2 × 2	7 × 3	5 × 9
4 × 5	4 × 4	9 × 7	7 × 2	7 × 5	2 × 8	8 × 5	5 × 3	4 × 6
8 × 4	7 × 7	2 × 6	7 × 8	9 × 1	5 × 6	5 × 4	2 × 7	3 × 3
1 × 8	2 × 1	3 × 4	6 × 1	2 × 3	2 × 5	9 × 5	8 × 9	5 × 5
9 × 4	5 × 8	1 × 2	1 × 3	3 × 1	8 × 6	4 × 9	3 × 2	6 × 4
5 × 1	1 × 9	6 × 8	4 × 2	1 × 5	9 × 9	2 × 9	6 × 7	6 × 5
4 × 7	8 × 1	9 × 6	8 × 7	5 × 7	3 × 5	4 × 1	8 × 8	7 × 1
9 × 2	2 × 4	7 × 9	6 × 3	1 × 6	7 × 4	6 × 9	3 × 7	1 × 7
3 × 9	5 × 2	3 × 8	4 × 8	8 × 3	1 × 1	9 × 8	9 × 3	6 × 2

Name________________________________ Date ________ Score ________

1 × 3	4 × 9	2 × 9	2 × 6	6 × 4	6 × 6	9 × 9	1 × 1	2 × 4
3 × 7	6 × 2	3 × 3	1 × 5	9 × 7	8 × 2	2 × 8	5 × 5	7 × 8
4 × 1	7 × 6	9 × 6	1 × 6	9 × 2	1 × 8	7 × 3	6 × 1	4 × 5
7 × 2	9 × 8	8 × 5	3 × 2	7 × 9	3 × 5	6 × 5	6 × 3	2 × 7
8 × 6	2 × 1	3 × 8	7 × 7	8 × 1	6 × 8	9 × 5	8 × 4	3 × 1
5 × 6	9 × 1	5 × 1	6 × 7	2 × 3	4 × 2	7 × 4	3 × 4	4 × 3
5 × 4	2 × 5	5 × 8	8 × 3	9 × 4	2 × 2	5 × 3	5 × 9	3 × 6
1 × 7	6 × 9	8 × 8	8 × 9	1 × 9	1 × 4	5 × 7	7 × 1	8 × 7
4 × 7	3 × 9	9 × 3	4 × 8	1 × 2	7 × 5	5 × 2	4 × 6	4 × 4

Name_____ Date _____ Score _____

9	4	4	2	4	6	9	1	8
× 2	× 5	× 7	× 2	× 1	× 3	× 5	× 3	× 5

9	7	8	7	1	2	9	3	4
× 4	× 6	× 8	× 5	× 2	× 8	× 1	× 3	× 3

8	3	2	1	7	1	3	7	2
× 2	× 2	× 3	× 7	× 4	× 1	× 1	× 7	× 6

2	9	6	6	6	7	4	5	5
× 5	× 7	× 4	× 8	× 2	× 2	× 8	× 1	× 3

8	1	8	5	5	7	1	5	6
× 3	× 8	× 9	× 5	× 7	× 1	× 9	× 8	× 9

6	2	5	2	3	4	1	7	4
× 1	× 7	× 4	× 9	× 4	× 2	× 5	× 3	× 9

8	9	1	3	3	8	8	6	4
× 6	× 6	× 4	× 9	× 8	× 7	× 1	× 5	× 4

4	8	5	6	2	3	3	9	7
× 6	× 4	× 6	× 7	× 1	× 6	× 5	× 3	× 8

5	9	5	7	6	2	3	1	9
× 2	× 8	× 9	× 9	× 6	× 4	× 7	× 6	× 9

Name____ Date ________ Score ________

2 × 5	2 × 7	6 × 1	5 × 4	1 × 9	8 × 7	7 × 7	3 × 1	4 × 6
2 × 9	2 × 8	8 × 9	2 × 4	8 × 3	9 × 1	1 × 3	4 × 8	5 × 5
3 × 7	2 × 3	2 × 2	9 × 9	8 × 4	5 × 9	6 × 4	5 × 6	4 × 2
5 × 8	3 × 8	2 × 1	6 × 2	7 × 6	5 × 1	1 × 6	9 × 3	6 × 8
8 × 6	8 × 1	7 × 1	4 × 3	3 × 4	7 × 3	3 × 6	3 × 9	3 × 5
6 × 3	8 × 2	4 × 7	9 × 4	7 × 8	1 × 8	2 × 6	6 × 7	8 × 5
4 × 1	7 × 9	7 × 2	8 × 8	5 × 3	3 × 3	9 × 6	7 × 4	1 × 4
1 × 1	9 × 5	1 × 7	4 × 4	1 × 5	5 × 2	7 × 5	4 × 5	9 × 2
6 × 9	5 × 7	4 × 9	1 × 2	6 × 6	6 × 5	9 × 8	3 × 2	9 × 7

Name______________________________ Date __________ Score __________

3×2	3×9	3×4	9×5	6×6	4×9	4×1	7×8	6×8
2×2	8×5	5×2	9×1	5×1	3×3	1×7	2×6	8×2
4×3	8×3	3×1	4×7	3×5	1×8	4×2	5×9	4×4
9×6	5×6	1×1	6×1	8×8	8×1	1×3	8×6	5×4
1×6	5×5	6×7	7×6	1×2	9×9	4×5	2×1	9×7
6×2	4×8	2×3	6×4	2×9	7×4	6×9	9×3	7×9
2×5	3×8	3×6	1×4	7×2	7×5	7×7	5×3	7×3
6×3	1×9	9×2	2×4	5×8	9×8	8×4	7×1	8×9
6×5	3×7	9×4	4×6	1×5	8×7	2×8	5×7	2×7

Name________________________________ Date __________ Score __________

2	8	1	7	4	9	4	9	7
× 8	× 5	× 6	× 4	× 5	× 1	× 2	× 8	× 1
1	3	5	8	2	5	2	5	3
× 4	× 6	× 5	× 6	× 2	× 2	× 4	× 7	× 5
4	3	3	7	4	1	8	5	2
× 4	× 9	× 8	× 8	× 6	× 3	× 2	× 1	× 7
1	4	7	1	9	2	6	4	8
× 5	× 9	× 6	× 1	× 7	× 9	× 7	× 3	× 1
3	9	7	5	6	8	9	5	5
× 7	× 6	× 5	× 4	× 3	× 8	× 2	× 8	× 9
6	3	6	8	8	6	9	8	2
× 1	× 4	× 8	× 7	× 4	× 6	× 4	× 3	× 6
6	3	6	1	7	1	2	1	7
× 2	× 3	× 9	× 2	× 9	× 9	× 3	× 7	× 7
9	7	4	3	9	8	6	9	1
× 9	× 2	× 8	× 1	× 5	× 9	× 5	× 3	× 8
2	5	6	7	3	4	2	5	4
× 1	× 3	× 4	× 3	× 2	× 1	× 5	× 6	× 7

Name_____ Date _____ Score _____

3 × 3	4 × 8	8 × 8	8 × 6	3 × 7	6 × 1	3 × 9	7 × 7	2 × 3
9 × 7	4 × 4	3 × 4	6 × 2	1 × 1	1 × 4	4 × 7	8 × 1	4 × 9
1 × 2	7 × 4	5 × 2	2 × 4	3 × 5	1 × 9	8 × 2	7 × 6	5 × 9
5 × 5	2 × 2	7 × 1	5 × 7	4 × 5	8 × 9	4 × 1	6 × 5	2 × 8
5 × 6	5 × 4	6 × 8	3 × 2	9 × 3	9 × 8	7 × 3	5 × 8	9 × 4
3 × 6	4 × 3	9 × 6	5 × 3	1 × 7	1 × 5	9 × 2	9 × 5	1 × 6
1 × 3	6 × 4	7 × 5	6 × 9	3 × 8	5 × 1	2 × 6	6 × 6	3 × 1
2 × 9	1 × 8	8 × 3	9 × 9	9 × 1	7 × 2	6 × 7	6 × 3	4 × 6
2 × 1	2 × 7	7 × 8	8 × 5	4 × 2	8 × 7	8 × 4	7 × 9	2 × 5

39

5 × 8	9 × 3	1 × 3	9 × 5	2 × 8	6 × 8	7 × 1	1 × 9	5 × 5
3 × 3	2 × 4	9 × 8	7 × 9	5 × 7	8 × 1	1 × 5	6 × 2	9 × 2
4 × 4	8 × 6	3 × 9	7 × 3	7 × 6	1 × 8	5 × 6	4 × 7	8 × 9
6 × 7	1 × 6	2 × 7	3 × 2	6 × 9	8 × 8	3 × 4	3 × 7	6 × 5
8 × 7	1 × 4	8 × 3	3 × 8	3 × 5	7 × 7	9 × 6	2 × 9	5 × 9
5 × 1	4 × 6	8 × 5	4 × 5	9 × 7	8 × 2	7 × 8	1 × 2	4 × 1
2 × 3	7 × 2	2 × 2	6 × 1	6 × 4	6 × 3	2 × 1	1 × 1	9 × 1
4 × 8	3 × 6	9 × 4	2 × 6	9 × 9	3 × 1	6 × 6	7 × 5	1 × 7
5 × 2	4 × 3	4 × 2	2 × 5	5 × 3	5 × 4	4 × 9	8 × 4	7 × 4

Name____ Date __________ Score __________

1×2	6×2	5×9	2×5	8×8	2×1	6×7	7×6	4×4
2×9	7×1	9×4	4×2	4×5	5×4	6×6	8×1	6×5
6×4	5×7	3×9	2×6	8×6	3×5	3×4	3×8	4×7
6×8	1×9	9×7	3×2	3×6	9×2	9×6	8×2	4×9
8×5	7×8	5×5	2×7	4×1	5×6	1×5	6×1	1×1
7×9	5×3	1×8	3×7	8×3	8×4	1×7	2×3	6×9
1×4	6×3	2×8	7×4	1×6	2×2	9×3	7×3	4×6
3×1	8×9	5×2	5×8	1×3	4×8	9×8	2×4	9×1
5×1	8×7	7×2	7×7	7×5	9×5	3×3	4×3	9×9

9×4	9×7	1×3	5×3	6×3	8×6	4×6	2×1	4×3
8×8	3×3	5×1	7×2	7×5	9×8	4×7	8×1	2×3
1×4	6×1	2×8	3×4	9×9	3×9	4×8	1×9	6×2
9×1	5×4	4×4	2×6	5×7	1×8	9×5	8×5	1×7
1×1	9×6	7×9	6×7	2×2	1×2	8×7	7×1	7×7
7×4	5×6	1×6	6×4	3×5	6×8	4×1	7×3	3×8
6×5	2×5	8×4	4×5	5×8	8×2	9×3	7×8	3×6
4×9	3×1	5×2	4×2	7×6	5×5	8×3	2×9	2×7
1×5	9×2	8×9	3×7	2×4	5×9	6×9	6×6	3×2

5×1	8×3	5×4	6×8	9×3	4×4	9×2	7×6	2×3
9×4	7×7	8×7	8×6	9×6	4×8	4×1	6×6	1×6
3×7	5×3	3×3	2×2	4×6	2×4	8×1	8×8	3×9
4×7	4×3	3×5	9×1	6×1	7×2	7×4	3×2	7×8
6×5	5×2	9×8	2×5	2×8	6×4	5×7	5×5	1×4
7×5	1×5	5×8	4×5	8×4	8×9	3×6	1×2	9×5
6×2	6×3	2×9	8×5	9×9	1×7	3×4	5×6	6×9
1×9	1×8	1×3	2×1	8×2	3×1	5×9	7×3	7×9
3×8	9×7	1×1	2×6	4×2	6×7	4×9	7×1	2×7

Name____________________________ Date ________ Score ________

7 × 5	6 × 9	8 × 8	2 × 4	4 × 4	6 × 6	5 × 8	7 × 3	2 × 5
7 × 4	6 × 4	3 × 1	2 × 1	7 × 7	2 × 6	5 × 4	8 × 1	1 × 7
8 × 4	1 × 6	5 × 1	5 × 7	8 × 5	8 × 6	5 × 3	7 × 6	2 × 3
5 × 2	9 × 5	7 × 9	9 × 6	7 × 2	3 × 9	6 × 5	9 × 1	6 × 2
9 × 8	1 × 5	6 × 8	4 × 5	1 × 3	1 × 4	8 × 9	5 × 6	3 × 4
8 × 3	4 × 3	9 × 9	4 × 6	6 × 1	2 × 8	3 × 5	3 × 7	4 × 8
6 × 3	4 × 2	3 × 8	9 × 2	1 × 1	8 × 7	7 × 1	4 × 1	9 × 4
8 × 2	1 × 9	2 × 9	3 × 2	4 × 9	1 × 8	9 × 7	7 × 8	1 × 2
2 × 7	4 × 7	9 × 3	3 × 6	6 × 7	3 × 3	5 × 5	5 × 9	2 × 2

1×1	4×3	1×7	8×2	1×5	2×8	1×4	8×5	6×2
5×7	1×6	9×2	1×2	7×7	8×1	8×7	9×5	3×6
4×4	6×5	3×1	2×4	7×2	9×9	5×8	3×2	6×1
5×6	4×9	8×4	7×6	8×6	5×5	2×5	3×3	2×2
9×7	3×9	9×8	2×3	7×3	6×7	4×2	9×3	5×1
2×9	1×9	6×9	8×9	9×6	6×6	7×8	2×7	1×8
4×7	6×8	4×5	3×7	9×1	4×8	4×6	3×8	6×3
7×9	3×5	3×4	7×5	1×3	5×9	2×6	7×1	8×8
5×2	2×1	5×3	4×1	8×3	6×4	7×4	5×4	9×4

SPI MATH
WORKBOOKS

1st

GRADE

Builds and boosts
key skills

Includes:

+ Math Drills
+ Number Counting
+ Addition Lines

Name_____ Date_____

BASIC MATH DRILLS

$$1+3=4 \quad 1+4=5$$
$$8+1=9 \quad 7+1=8$$
$$=5 \quad 2+1=3$$
$$3+4=7 \quad 3+3=6$$

If you enjoyed this book. Please check out Basic Math
Drills (Addition)

Made in the USA
Monee, IL
17 October 2022

16089569R00031